AF263378

LE BONHEUR
SOUS LA MAIN,

COMÉDIE-VAUDEVILLE EN UN ACTE,

PAR M. PAUL DUPORT.

Représentée pour la première fois, sur le théâtre du Vaudeville, le 4 décembre 1842.

DISTRIBUTION :

JULES DIDIER..	MM. HIPPOLYTE.
MONNERON...	AMANT.
BOURDEIL	LECLERC.
EULALIE, veuve Orthès..	Mᵐᵉˢ GUILLEMAIN.
CLÉMENCE, fille de Bourdeil...................................	EUGÉNIE SAINT-MARC.

La scène se passe à Paris, chez Bourdeil.

Le théâtre représente un salon. Porte au fond. Portes latérales ; à gauche du public celle qui mène à la chambre d'Eulalie ; à droite, celle qui mène dans le reste de l'appartement. A gauche, sur le premier plan, une fenêtre, table, et ce qu'il faut pour écrire. A droite sur le premier plan, un piano avec de la musique dessus.

SCÈNE I.

BOURDEIL, CLÉMENCE.

BOURDEIL.

Clémence, as-tu donné les ordres pour le dîner ?

CLÉMENCE.

Oui, papa, cinq couverts, comme vous me l'avez dit. Mais vous attendez donc du monde ?

BOURDEIL.

Certainement... pour faire les honneurs de Paris à Mᵐᵉ Orthès.

CLÉMENCE.

Cette dame arrivée hier au soir, pendant que nous étions au spectacle.

BOURDEIL.

Oui, à mon théâtre favori, l'Opéra-Comique.

CLÉMENCE.

Dont vous répétez toujours les refrains.

BOURDEIL, avec enthousiasme.

Oh ! l'Opéra-Comique !.. l'image la plus vraie, la plus naturelle de la vie et de la société !..

CLÉMENCE.

Cette dame n'avait pas attendu notre retour pour se coucher...

BOURDEIL.

Écoute donc, après un voyage de deux cents lieues, quand on arrive de Carcassonne...

CLÉMENCE.

Ah ! elle est de Carcass...

BOURDEIL.

Non... elle est née à Paris... Je l'ai vue toute jeune... j'étais très lié avec sa famille... Dieu !.. était-elle jolie à ton âge !..

CLÉMENCE.

Et maintenant ?..

BOURDEIL.

Ah !.. je ne te dirai pas... Comme il y a dix-huit ans que feu son mari l'emmena dans le département de l'Aude, dont il était un des plus riches maîtres de forges...

CLÉMENCE.

Je comprends... vous voulez qu'elle se retrouve tantôt avec d'anciennes connaissances...

BOURDEIL.

C'est pour ça que je viens d'envoyer à Auteuil prévenir mon vieil ami Monneron.

CLÉMENCE.

Ah!.. c'est lui que vous attendez à dîner?..

BOURDEIL.

Avec notre aimable locataire, Jules Didier, qui justement était allé voir Monneron à sa campagne. Ils reviendront ensemble.

CLÉMENCE, vivement.

Quoi! M. Jules connaît cette dame?

BOURDEIL.

Puisqu'ils sont cousins...

CLÉMENCE.

Et vous ne me le disiez pas? Quel plaisir j'aurai à la bien recevoir!..

BOURDEIL.

Sans doute... l'hospitalité...

(Chantant le passage de la *Dame blanche.*)

Chez les montagnards écossais...
L'hospitalité se donne...

CLÉMENCE.

Une parente de M. Jules... Il faut empêcher qu'elle ne s'ennuie chez nous.

BOURDEIL.

Quant à ça, elle n'en aura guère le temps. Comme elle vient pour deux grandes affaires...

CLÉMENCE.

Lesquelles?

BOURDEIL.

D'abord, un procès, où il s'agit d'une partie de sa fortune.

CLÉMENCE.

Elle plaide?..

BOURDEIL.

Avec Monneron, qui avait dans le temps épousé une demoiselle Orthès...

CLÉMENCE.

Ah! oui, celle qu'il regrette sans cesse « sa chère défunte, » comme il l'appelle en pleurant d'une manière qui me donne toujours envie de rire.

BOURDEIL.

Comme héritier de sa femme, il dispute à Mme Orthès la succession de son mari, qui est fort embrouillée... Des droits litigieux... ça menaçait de les ruiner en frais. Heureusement, Didier, par ses lettres à sa cousine, et moi, par mes instances auprès de Monneron, nous les avons déterminés à se soumettre à l'arbitrage d'un des premiers jurisconsultes de Paris, Dennebon, mon ancien camarade de classes.

CLÉMENCE.

Et l'arrêt n'est pas encore rendu?

BOURDEIL.

Pas encore!

CLÉMENCE.

Ah! si cette dame pouvait gagner!.. Dès que M. Jules s'intéresse à elle...

BOURDEIL.

Je crois bien, puisqu'il va l'épouser.

CLÉMENCE, tressaillant.

Plaît-il?.. vous dites?.. comment?.. M. Jules?..

BOURDEIL.

Sans doute... c'est la seconde des deux grandes affaires dont je te parlais.

CLÉMENCE.

Une veuve, après dix-huit ans de mariage, épouser M. Jules, qui est tout jeune!..

BOURDEIL.

C'est-à-dire qu'ils sont presque du même âge... lui trente-six ans, elle trente-huit.

(Chantant le passage du Prisonnier.)

Il faut des époux assortis
Dans les liens du mariage.

Quand ils furent séparés, ils s'adoraient!.. Par malheur, Didier n'avait alors que son amour, et le père de la demoiselle était un commerçant... Mais ce qu'il y a d'admirable, c'est que, depuis ce temps-là, le pauvre Didier, fidèle, ma chère, toujours fidèle... Il a eu beau, pour se distraire, aller faire fortune en Russie... ça n'a pu refroidir sa passion; enfin, un de ces cœurs garantis et à toute épreuve, comme on n'en trouvait jusqu'ici qu'à l'Opéra-Comique... Qu'est-ce que tu dis de ça?.. (Silence.) Hein?

CLÉMENCE, préoccupée.

Oui... oui, papa... c'est juste.

BOURDEIL.

Une voiture qui entre dans ma cour. (Il regarde à la fenêtre.) Le cabriolet de Monneron!.. C'est lui et Didier... Si vite!.. Je comprends... c'est l'amoureux Didier qui aura lancé le cheval de Monneron au galop, au risque de le crever... Allons... je vais au devant d'eux... Pauvre cheval, qui n'est pas amoureux, lui!.. Ça me rappelle dans *Lully et Quinault.*

(Cantant le passage de l'air du Page dans *Lulli et Quinault.*)

J'arrive et le cheval est mort!

Pan! tamtam!..

(Il sort.)

SCÈNE II.

CLÉMENCE, seule.

M. Jules amoureux d'une autre!.. Pourquoi donc ça me fait-il tant de peine?.. Est-ce que je l'aimerais, moi?.. Déjà plus d'une fois j'en ai eu la peur, en me rappelant les discours de mes camarades de pension.

Air de Léocadie.

Elles disaient: Lorsqu'un jeune homme
Devant toi se présentera,
Si tu trembles dès qu'on le nomme,
S'il charme tout quand il est là,
Si tu souffres lorsqu'il s'en va,
Devoirs, plaisirs, si toute chose
Te déplaît jusqu'à son retour,
N'en cherche pas bien loin la cause;
Car voilà ce que c'est que l'amour.

J'éprouvais tout cela auprès de lui... et même quand il est venu demeurer dans la maison de mon père, je croyais que c'était pour certaines vues, certaines idées... Dam!.. comment ne pas m'y tromper?.. Chaque fois que je me mettais à mon piano pour chanter quelque romance bien tendre, vite, il ouvrait sa fenêtre, et puis, je le voyais lever les yeux au ciel, soupirer!.. J'étais si contente!.. je chantais avec deux fois plus d'expression... oui, et ça ne servait qu'à le faire soupirer encore plus pour une autre... Ah! si je l'avais su, par exemple!..

SCÈNE III.

CLÉMENCE, DIDIER.

DIDIER, avant de paraître, à la cantonnade.
Pardon, papa Bourdeil, tout à l'heure.
CLÉMENCE.
C'est lui...
DIDIER, entrant.
Ah! bien oui, causer avec un autre quand elle est là!.. elle!.. elle!.. Eh bien! où donc?.. Ah!.. Mᴵˡᵉ Clémence, je vous en prie, où est Eulalie?.. Mᵐᵉ Orthès, veux-je dire.
CLÉMENCE, montrant la porte à gauche du public.
Là, Monsieur, dans sa chambre...
DIDIER, y courant.
Là? Merci!..*
CLÉMENCE.
Permettez... elle n'a pas encore sonné... et si elle n'est pas levée...
DIDIER.
Pas levée!.. Ah! mon Dieu!.. attendre encore!.. Mᴵˡᵉ Clémence!.. vous, la bonté même... si vous entriez pour savoir si je puis...
CLÉMENCE.
Impossible, Monsieur... La réveiller peut-être... car elle dort très bien!.. (Avec intention.) Il paraît que rien ne trouble son sommeil.
DIDIER.
Allons... prenons patience!.. Au fait, une heure de plus, après dix-huit ans!.. Eh bien! j'ai beau me dire ça... je ne tiens pas en place... Ça vous paraît bien ridicule, Mademoiselle... mais, quand je vous aurai expliqué...
CLÉMENCE.
C'est inutile, Monsieur... je viens d'apprendre de mon père...
DIDIER.
Ah! il vous a dit?..
CLÉMENCE.
Vos projets de mariage; et la seule chose dont je sois surprise, c'est le mystère que vous nous en aviez fait...
DIDIER.
Et qui m'était imposé, Mademoiselle... Oui, il y a un an, quand ma cousine devint veuve, je lui avais écrit pour lui demander la permission de courir, de voler à ses pieds... Elle me répondit qu'elle ne pouvait me voir, ni permettre qu'il

Didier, Clémence.

fût question de mariage avant que l'année de son deuil fût révolue... Oh! une sévérité de principes!.. C'est au point que je n'ai obtenu le droit de correspondre avec elle que sous le prétexte de travailler à arranger son procès avec M. Monneron.
CLÉMENCE, avec ironie et dépit.
C'est admirable!..
DIDIER.
Et, voyez-vous? rien n'ajoute à une passion comme tous ces obstacles... Avec ça que, même à l'époque où je la voyais tous les jours, quand j'étais commis chez mon oncle, sans cesse du monde entre elle et moi... nous ne pouvions guère nous parler que des yeux... Mais que les siens étaient éloquens!.. comme ils peignaient l'amabilité de son esprit, la délicatesse de ses sentimens!.. Et quand je pense que toutes ces qualités, devinées jusqu'ici par mon imagination seule, je vais aujourd'hui pouvoir les apprécier pleinement et sans contrainte, qu'il n'y aura plus de barrière entre nous, que j'ai le bonheur sous la main!.. jugez si je ne suis pas un peu excusable de ne pouvoir me rendre maître de moi, et de m'être conduit tout à l'heure avec si peu de galanterie.
CLÉMENCE, d'un ton de dépit.
De la galanterie, avec moi, monsieur!.. oh!.. je n'y tiens pas...
DIDIER.
Vous êtes si bonne!.. (Allant écouter à la porte.) Elle dort toujours...
CLÉMENCE, à part.
Il me trouve bonne!.. il ne remarque même pas le ton dont je lui dis cela...

SCENE IV.

DIDIER, BOURDEIL, MONNERON, CLÉMENCE.

MONNERON.
Vrai... tu nous feras boire du vin de la comète...
BOURDEIL.
Ma dernière bouteille, au dessert!..

(Chantant le passage de *la Dame blanche*.)

Nous nous verrons, le verre en main.

MONNERON.
Eh bien!.. ça ne sera pas de luxe pour me ragaillardir un peu... D'abord de me trouver avec ma belle-sœur, ça m'embarrasse... parce que, depuis ce procès, nous étions à couteaux tirés, au point que je ne lui avais pas même fat part, il y a trois mois, du mariage de mon neveu Victor... et puis, ce n'est pas tout, vois-tu?.. une veuve... ça me rappelle ma défunte, dont je suis veuf... et dès que je pense à ma femme, je deviens tout bête... Pauvre femme! j'y pense toujours... Va, tu n'auras pas besoin de m'offrir d'eau à dîner... mon vin sera assez trempé de mes larmes.. (Il essuie une larme; puis, voyant Clémence, prend tout de suite un air gai.) Ah! ta

fille ici !.. Bonjour, ô vous, fille de mon ami...

CLÉMENCE, lui faisant la révérence.

M. Monneron...

MONNERON.

Toujours plus jolie... impossible de vous voir sans vous aimer.

CLÉMENCE, regardant Didier qui écoute à la porte.

Oh ! je suis bien sûre du contraire...

DIDIER, qui écoutait à la porte, à part, avec joie.

Du bruit !

MONNERON, prenant la main de Clémence.

Permettez-vous que je dépose sur cette main délicate et blanche...

DIDIER, accourant entre Monneron et Clémence, au moment où celui-ci va porter la main de la jeune fille à ses lèvres, et l'en empêchant.

Oh ! Mademoiselle... Mademoiselle... je viens d'entendre du bruit !..

MONNERON. *

Tiens !.. vous étiez là !..

BOURDEIL.

Je conçois...

(Chantant le passage de *Joconde*.)

Quand on attend sa belle,
Que l'attente !...

(Parlé.)

surtout quand c'est une cousine...

DIDIER, à Clémence.

De grâce, par pitié, entrez chez elle, pressez-la... Pendant ce temps je cours changer de toilette... Vous, papa Bourdeil, n'oubliez pas ce que vous m'avez promis, votre notaire, le contrat...

BOURDEIL.

J'y vais tout-à-l'heure.

DIDIER. **

Et puis, quand elle paraîtra...

Air du Pot de fleurs.

Mon cher Bourdeil, tâchez qu'on se retire,
Qu'ensemble on nous laisse tous deux.
J'ai tant de choses à lui dire !
Je suis si pressé d'être heureux !
Vous concevez l'ardeur qui me transporte :
Il est permis de compter les instants,
Quand le bonheur nous a, pendant vingt ans,
Fait faire antichambre à sa porte.

(Didier sort par la porte de droite.)

BOURDEIL.

C'est bon !.. sois tranquille.

CLÉMENCE, à part.

Allons, je vais donc la voir cette beauté qui fait des passions si merveilleuses !

(Elle sort par la porte à gauche.)

* Bourdeil, Monneron, Didier, Clémence.
** Clémence, Bourdeil, Didier, Monneron.

SCÈNE V.

BOURDEIL, MONNERON.

MONNERON.

Sais-tu que ta fille sera bientôt d'âge ?..

BOURDEIL.

A se marier, c'est vrai...

MONNERON.

Et tu n'as pas de gendre en vue ?

BOURDEIL.

Entre nous, j'avais pensé dans le temps à Didier, et même, je lui avais laissé entrevoir indirectement que s'il se proposait...

MONNERON.

Et il ne s'est pas proposé... à cause de ce premier amour... un homme dans mon genre... une fidélité inamovible !.. C'est dommage... car ta Clémence.. plus je la regarde !. tiens, elle me rappelle...

BOURDEIL.

Ah oui !.. l'air :

(Chantant le passage de *la Fête du village voisin*.)

Simple, innocente, et joliette.

MONNERON.

Non, ce n'est pas là ce que je voulais dire... elle me rappelle...

BOURDEIL.

Ah ! m'y voilà... l'air :

(Chantant le passage d'*Une Folie*.)

Je suis encor dans mon printemps...

MONNERON.

Tu n'y es pas...

BOURDEIL.

Dans mon printemps... je crois bien...

MONNERON.

Non... dans mon idée...

BOURDEIL.

Tu dis que ma fille te rappelle ?..

MONNERON.

Ma chère défunte...

BOURDEIL.

Allons donc...

MONNERON.

Ah mon ami !.. c'est un bien grand malheur de regretter sa femme... Voilà pourquoi tant de gens s'en privent... Quand on la regrette, on croit la voir partout,. c'est insupportable. Enfin, c'est au point que mon neveu Victor, depuis trois mois qu'il s'est marié, je ne le vois plus...

BOURDEIL.

Bah !..

MONNERON.

Air : Nos marie en Palestine.

L'aspect d'un jeune ménage
Pousse trop au sentiment !
Leur bonheur, sa douce image,
Me disaient qu'anciennement
Je fus aimé tendrement.
Toi, l'ex-moitié de moi-même,
Qui contemple du haut des cieux
Les pleurs qui mouillent mes yeux,
Ça doit te faire un bien extrême
De me voir si malheureux !

BOURDEIL.

Tu as tort ; il faut faire comme moi... j'ai toujours chanté... surtout, après mon veuvage.

(Chantant le passage d'Une Folie.)

On ne saurait trop embellir
Le court espace de la vie.

MONNERON, à part.

Ce brave Bourdeil, avec son érudition d'opéra-comique, il est d'une gaîté désolante.

BOURDEIL, à part.

Cet excellent Monneron, avec sa sensiblerie,
il a une tristesse bien bouffonne.

SCÈNE VI.

CLÉMENCE, BOURDEIL, MONNERON.

CLÉMENCE. Elle sort de la chambre à gauche, en
sautant avec joie, et se parlant à elle-même.
Elle est laide !.. elle est laide !..

BOURDEIL.

Hein ! Clémence ?.. Qu'es1-ce que tu as ?..

CLÉMENCE.

Moi, rien, rien...

BOURDEIL.

Eh bien! alors, pourquoi cet air de joie?.. En
vérité, tu es folle...

CLÉMENCE, sautant encore plus haut.

Oh mais ! c'est qu'elle est laide !..

BOURDEIL.

Là, encore !..

MONNERON.

Laisse-la donc, laisse-la donc... c'est comme
ça que ma défunte sautait dans sa jeunesse...
car elle avait été d'une légèreté, ma défunte...
(Pleurant.) Ah!.. ah!.. (A part.) Décidément,
cette enfant me réjouit le cœur...

BOURDEIL, à Clémence.

Eh bien ! madame Orthès?.. tu viens de la
voir ?..

CLÉMENCE.

Oui, mon père... elle va venir...

BOURDEIL.

Et tu ne me le dis pas!.. Je cours au devant
d'elle... Justement, j'entends Didier qui redes-
cend...

MONNERON.

Si j'allais le prévenir?.. parce que l'effet de la
surprise...

BOURDEIL.

C'est ça... charge toi de l'amant... moi, de
l'amante.

(Chantant le passage de Jean de Paris.)

C'est la princesse de Navarre,
Que je vous amène en ces lieux.

(Bourdeil sort par la gauche, Monneron par la
droite.)

SCÈNE VII.

CLÉMENCE, seule.

Ah mon Dieu, qu'elle vienne... à présent que
je l'ai vue, je ne lui en veux plus du tout à
elle... ni à M. Didier.. car, au fait, s'il les aime
comme ça, il n'aura que ce qu'il mérite.

SCÈNE VIII.

CLÉMENCE, d'un côté ; EULALIE, amenée
par BOURDEIL ; de l'autre, MONNERON,
amenant DIDIER.

MONNERON, avant de paraître.

Oui, mon cher ami, vous allez la voir.

BOURDEIL, de même.

Venez, Madame, il vous attend.

(Chantant le passage du Calife, au moment où il entre avec elle.

C'est ici le séjour des grâces.

DIDIER, paraissant.

Ah! ce que j'éprouve...

EULALIE.

Dieu !.. mes pauvres nerfs...

DIDIER, courant à elle.

Eulalie !..

EULALIE.

Jules !..

DIDIER, s'arrêtant au milieu du théâtre.

Ah! mon Dieu !..

(Il reste stupéfait.)

BOURDEIL, chantant le passage de Jeannot et Colin.

Plaisirs de leur enfance
Vous voilà (bis) revenus...

MONNERON, à Didier.

Avancez donc...

DIDIER.

Impossible...

MONNERON.

Ciel !.. il se trouve mal...

EULALIE, d'un ton naturel.

Ah !.. (Poussant une grande exclamation senti-
mentale.) Ah ! et moi aussi !..
(Elle tombe dans les bras de Bourdeil qui la fait asseoir dans un fauteuil.)

MONNERON, faisant asseoir Didier.

Là!.. là! ce pauvre Didier... Voilà pourtant
comme je serais si je retrouvais ma défunte...
(A Didier.) Vous sentez vous mieux ?

DIDIER, jetant un coup-d'œil vers Eulalie.

Au contraire !..

BOURDEIL, à Eulalie, après l'avoir assise.

Ça revient-il?..

EULALIE.

Du tout... j'ai les nerfs sensibles comme des
cheveux !

BOURDEIL.

L'amant évanoui d'un côté. la maîtresse de
l'autre... opéra-comique pur sang...

(Chantant le passage du Calife.)

Comme je sens battre mon cœur,
Ah ! quel moment...

CLÉMENCE, qui regarde au milieu du théâtre, l'interrompant haut. *

Mon père, est-ce que vous ne jugez pas qu'il est temps de nous en aller?

BOURDEIL.

Mais, oui, au fait...

MONNERON.

C'est juste.

EULALIE.

Ah !..

DIDIER.

Aïe ! aïe !

CLÉMENCE, appuyant avec malice.

Ce que j'en dis, c'est dans l'intérêt de Monsieur, qui a tant prié qu'on le laissât seul avec Madame...

DIDIER, vivement.

Permettez... je ne voudrais pas vous chasser...

CLÉMENCE.

Oh !.. sans façon... il serait trop cruel, quand on a, comme vous disiez tantôt, (Appuyant avec malice.) le bonheur sous la main...

DIDIER, à part.

Il est joli, le bonheur.

BOURDEIL, à Eulalie.

Madame, nous vous laissons ensemble...

EULALIE.

En tête-à-tête ?.. ah !..

CLÉMENCE, ironiquement. **

Bon courage, M. Jules...

DIDIER, à part.

Oui, il en faut.

MONNERON, allant saluer Eulalie.

Madame...

EULALIE***.

Ah ! Monsieur... pardon de m'être évanouie devant vous... je sais que ce n'est pas poli...

MONNERON.

Vous badinez...

EULALIE.

Ça m'a empêché de vous demander de vos nouvelles, de celles de votre neveu..

MONNERON.

Victor... un joli garçon... vous ne l'avez pas vu depuis son enfance ?.. il a cinq pieds huit pouces...

EULALIE.

Ah !..

MONNERON.

Et depuis trois mois, il est...

BOURDEIL.

Allons, allons, Monneron, tu conteras tout cela plus tard...

MONNERON.

C'est juste...

CLÉMENCE, à part.

L'entretien sera curieux; on pourra l'inter-

* Eulalie, Bourdeil, Clémence, Monneron, Didier.
** Eulalie, Bourdeil, Monneron, Clémence, Didier.
*** Eulalie, Monneron, Bourdeil, Clémence, Didier.

rompre... (Regardant Didier.) quand ce ne serait que par charité.

Air : Valse de Robin des bois.

MONNERON.

Retirons-nous vite en silence.
Qu'ici, loin des regards jaloux,
Pour prix de leur longue constance,
Ils goûtent des transports si doux !

DIDIER, à part.

Dieux !.. un tête-à-tête avec elle !
Sans frémir je n'y puis songer.
Des amis voilà bien le zèle:
Ils vous quittent dans le danger !

ENSEMBLE.

MONNERON, BOURDEIL et CLÉMENCE, ironiquement.

Retirons-nous, faisons silence.
Qu'ici, loin des regards jaloux,
Pour prix de leur longue constance,
Ils goûtent des instans si doux.

EULALIE.

Me voilà donc, quelle espérance !
Près d'un amant, près d'un époux !
Ce jour, d'une longue constance
Nous offre le prix le plus doux.

DIDIER, à part.

Cruel moment, fatale chance!
Que maudit soit le sort jaloux!
Ainsi, de ma longue constance
Un jour détruit l'espoir si doux.

(Monneron, Bourdeil et Clémence sortent par le fond.)

SCÈNE IX.

EULALIE, DIDIER.

EULALIE.

Enfin, nous sommes seuls, bien seuls!

DIDIER.

Hélas ! oui.

EÉLALIE.

O mon ami, je n'ose vous regarder.

DIDIER.

Ni moi non plus...

EULALIE.

Mais pourquoi rester si loin? Qu'est-ce qui vous empêche d'approcher?

DIDIER.

Ce qui m'empêche?.. (A part.) Elle le demande !.. (Haut.) La crainte d'effaroucher votre sévérité, votre pudeur...

EULALIE.

Ah ! ma pudeur... C'est juste, je n'y pensais plus... Et pourtant, j'ai fait le premier pas, en venant de Carcassonne...

DIDIER, à lui-même.

Le fait est qu'un premier pas de deux cents lieues...

EULALIE.

A votre tour, maintenant... Venez vous asseoir à côté de moi.

DIDIER.

Tout de suite. (A part, pendant qu'il va chercher un siége.) Allons. Elle n'est plus jolie, c'est vrai... mais, enfin, pourvu qu'elle ait les qualités de l'esprit et du cœur!.. c'est l'essentiel en ménage!.. parce qu'une femme qui inspire l'estime, la confiance... qu'on peut épouser les yeux fermés... (Regardant Eulalie.) et celle-là, on ne pourrait même pas l'épouser autrement...

(Il vient s'asseoir à quelque distance d'Eulalie.)

EULALIE.

O Jules !..

DIDIER.

O Eulalie !..

EULALIE.

Mon aspect a donc produit sur vous un effet bien fort?..

DIDIER.

Un effet terrible, c'est le mot.

EULALIE.

Et voilà pourquoi je ne vous ai pas laissé venir à Carcassonne pendant mon deuil. Si votre amour avait fait explosion devant les dames de la ville, Dieu sait les propos...

DIDIER.

Qu'est-ce qu'on aurait pu dire?

EULALIE.

Que c'est à cause de vous que j'étais toujours en querelle avec mon mari...

DIDIER.

Ah !..

EULALIE.

Comme s'il y avait eu besoin d'une cause étrangère pour ça.

DIDIER.

Vous étiez en querelle avec?..

EULALIE.

Certainement, je m'en fais gloire... Quel monstre d'homme !.. Dieu veuille avoir son âme... mais c'est bien douteux...

DIDIER, à part.

Touchante oraison funèbre... diable... est-ce que la cousine ne brillerait pas non plus par le cœur?..

EULALIE.

Figurez-vous, un être tout-à-fait incapable de savourer cette poésie de sentiments dont mon cœur était le calice. Oui, mon Jules, j'étais une femme incomprise... Ne prétendait-il pas, ce brutal, cet être matériel, que je devais me trouver heureuse, parce qu'il ne me refusait jamais rien, et qu'il me laissait maîtresse de toutes mes actions?.. ça peut-il suffire à une femme raisonnable, là, je vous le demande?..

(Elle se lève.)

DIDIER, se levant aussi.

Comment donc?.. (A part.) Et exigeante avec cela !

EULALIE.

Alors, pour épancher ma sensibilité trop refoulée, je cherchai une ressource hors de mon ménage...

DIDIER.

Bah !..

EULALIE, se reprenant, d'un ton solennel.

Une ressource pure !.. J'organisais des concerts, des bals pour les pauvres... j'étais la dame patronesse de ces soirées; et de là jalousie de toutes nos dames, mes amies intimes, qui me détestaient, à cause de mes succès, surtout dans la valse... oh! la valse... dès que je m'y mettais, je traînais tous les danseurs après moi.

DIDIER, à part.

Les malheureux ! (Haut.) Vous en êtes bien capable...

EULALIE.

Et la musique!.. oh! c'est là que je suis étourdissante... surtout, dans le genre à la mode, les mélodies sentimentales, infernales et sépulcrales... Savez-vous la musique, Jules?..

DIDIER.

Pas une note...

EULALIE, vivement.

Vous ne savez pas là?. Je suis sûre que vous brûlez de juger mon faible talent.

DIDIER.

Comment donc...

EULALIE.

Là... j'en étais sûre... ce que je craignais... vous allez me prier, me supplier... Oh! non... je n'ose pas devant vous... (Minaudant.) Pas encore... je suis si émue!..

DIDIER.

Alors, ma cousine, dès que ça vous gêne...

EULALIE.

Vous l'exigez... tu l'exiges, ô Jules... tyran, soit satisfait... je vais vous chanter quelque chose... Ah!.. *la Folle.*

DIDIER, à part.

Parbleu !.. elle sera bien dans son rôle...

EULALIE.

Justement, un piano... Conduisez-moi... mais, ne me regardez pas trop tendrement... ça m'intimide... (Minaudant.) ça me rend honteuse.

DIDIER, à part, pendant qu'elle s'assied au piano.

Cette innocente ! * décidément c'est la collection de tous les travers et de tous les ridicules... Est-il possible que dix-huit ans de province aient opéré une pareille métamorphose?.. elle en remontrerait à la comtesse d'Escarbagnas...

EULALIE, après avoir préludé, à la manière des pianistes qui se pâment sur leur instrument, cherchant des yeux Didier.

Eh bien! où êtes-vous? là-bas?

DIDIER.

Vous m'avez défendu de vous regarder.

EULALIE.

Enfant... est-ce qu'on obéit... Je commence !

DIDIER, à part.

Pourvu qu'elle finisse !

(Elle chante un couplet de *la Folle* de Grisar avec une affectation comique et en faussant sur les notes hautes.)

    Tra la la la, je connais cet air
    Tra la la la, je connais cet air.
Oh oui, je m'en souviens ; l'orchestre harmonieux
Préludait vivement par ses accords joyeux...

* Didier, Eulalie, au piano.

BIBLIOTHÈQUE ROYALE

SCÈNE X.

DIDIER, CLÉMENCE, EULALIE.

CLÉMENCE, qui écoutait, cachant son envie de rire.

Ah! brava! brava!

DIDIER, à part, avec joie.

Clémence!.. ah!..

EULALIE, s'arrêtant.

Qu'est-ce que c'est?

CLÉMENCE.

Ah! pardon, Madame, en entendant le piano, je croyais que c'était mon maître qui venait d'arriver... et j'étais accourue... mais que je ne vous dérange pas...

EULALIE, vivement, avec inquiétude.

Est-ce que vous êtes musicienne?

CLÉMENCE.

Bien peu...

EULALIE, se levant du piano, très vivement.

Ah! vous êtes?..

DIDIER.

La plus jolie voix!.. un goût!.. une âme!..

EULALIE, piquée.

Vraiment!..

CLÉMENCE.

Monsieur parle de vous.

DIDIER, involontairement.

Non... (Eulalie lui lance un regard.) C'est-à-dire, si... je... parce que... (A part.) Je m'embrouille.

CLÈMENCE.

Continuez donc. Madame, ça me servira de leçon.

EULALIE.

Je ne suis pas en voix ce matin...

CLÉMENCE.

Ah! c'est dommage...

DIDIER, à part.

Qu'il n'en soit pas toujours de même.

EULALIE.

D'ailleurs, ma chère enfant, j'ai à vous demander un service.

CLÉMENCE.

Quoi donc, Madame?

EULALIE.

Je dois être à faire peur avec les modes de Carcassonne... et si vous voulez m'accompagner dans les magasins de la capitale, pour m'aider à choisir tout ce qui ira bien à l'air de ma figure...

DIDIER, à part,

Ça durera quelque temps...

CLÉMENCE.

Disposez de moi, Madame.

EULALIE.

Eh bien! allons...

ENSEMBLE.

Air : A demain, j'ai votre parole.

EULALIE, CLÉMENCE.

De courir à $\begin{smallmatrix}vos\\nos\end{smallmatrix}$ emplettes
Il faut vite nous presser,
Car l'amour de nos toilettes
Avant tout autre doit passer.

DIDIER.

Oui, courez à vos emplettes,
Cherchez bien, sans vous lasser.

(A part.)

Du moins, l'amour des toilettes
Du sien va me débarrasser.

(Eulalie, au moment où elle est près de sortir, se retourne et revient donner sa main à baiser à Didier.)

SCÈNE XI.

DIDIER, seul.

Quand je pense que c'est pour cette pimbêche renforcée, pour cette espèce de carême-prenant que j'ai négligé la jeune personne la plus aimable, la plus séduisante, et qui peut-être n'aurait pas demandé mieux que de me séduire... car son accueil, sa gentillesse avec moi, mille circonstances qui me reviennent... je parlais tantôt d'avoir le bonheur sous la main... ce bonheur, il venait me chercher de lui-même, et je ne m'en suis seulement pas aperçu... c'est-à-dire, si, maintenant, quand il est trop tard... trop tard!.. et pourquoi donc ça?

Air de Turenne.

Jamais trop tard dans une telle affaire,
Pour s'épargner des regrets éternels.
Répentons-nous; car Dieu fit, dit Voltaire,
Du repentir la vertu des mortels;
  Oui, c'est la vertu des mortels.
En rompant donc une folle alliance,
  Je suis vertueux; et déjà
  Je sens que cette vertu-là,
  Porte avec soi sa récompense.

Dans le fait, grace au silence que ma cousine m'avait imposé, elle ne pourra se plaindre d'être compromise... et, quant au reproche d'inconstance, je ne suis pas dans mon tort : ce n'est pas moi qui ai changé; c'est elle!.. Allons, allons, vite une bonne lettre, bien franche, bien positive... c'est ça...

(Il va s'asseoir pour écrire.)

SCÈNE XII.

DIDIER, assis et écrivant; BOURDEIL.

BOURDEIL, entrant par le fond.

Ah!.. je te cherchais, mon cher Didier, je sors de chez mon vieux camarade Dennebon, notre célèbre jurisconsulte...

DIDIER, écrivant toujours.

Ah! pour son arbitrage dans le procès de ma cousine avec M. Monneron?

BOURDEIL.

Précisément.

DIDIER, écrivant.

Eh bien! a-t-il lu, examiné toutes les pièces? s'est-il formé une opinion?

BOURDEIL.

Oui sans doute.

DIDIER, achevant sa lettre.

Là ! (Il se lève.) Et ma cousine est sûre ?..

BOURDEIL.

De perdre si elle plaide.

DIDIER.

Allons donc !..

BOURDEIL.

C'est comme j'ai l'honneur de te le dire !. la loi, la justice, tout est pour Monneron. C'est à peu près cent mille écus qu'il en coûtera à la chère veuve.

DIDIER.

Ah ! mon Dieu !..

BOURDEIL.

Heureusement, tu es riche, toi.

DIDIER.

Mais c'est affreux !..

BOURDEIL.

Je conviens que c'est désagréable... mais bah !.. qu'importe à des cœurs comme les vôtres ?..

(Il chante un fragment du *Roi d'Yvetot*.)

Le bonheur, il est là,

(Mettant la main sur son cœur.)

Voilà tout le mystère;
Le bonheur, il est là !..

(Remarquant l'agitation de Didier.) Comment ?.. tu es tout troublé parce que ta femme sera un peu moins riche ?.. une femme que tu adores... que tu idolâtres ?.. Ah !.. je ne te croyais pas si intéressé !

DIDIER, à lui-même, en froissant et jetant la lettre qu'il vient d'écrire.

Intéressé !.. Oui... voilà ce qu'on dirait, si je refusais à présent !.. Ce serait devant une perte d'argent que j'aurais reculé !.. On ne songerait pas à sa figure !..

BOURDEIL.

En vérité, mon ami, je ne te reconnais plus.

DIDIER.

Ah ! j'aperçois M. Monneron... De grace, M. Bourdeil, ne lui communiquez pas l'avis favorable à ses intérêts... Plus tard, vous lui direz...

BOURDEIL.

Bien ! bien !.. nous attendrons.

SCÈNE XIII.

DIDIER, MONNERON, BOURDEIL.

MONNERON, s'essuyant les yeux.

Comme c'est touchant !..

BOURDEIL.

Qu'as-tu donc, Monneron ?.. Dieu me pardonne, je crois que tu pleures ?

MONNERON.

Oui... des larmes d'attendrissement.

BOURDEIL.

Et à quel propos ?

MONNERON.

A propos de ce que je viens de voir.

BOURDEIL, à Monneron.

Qu'as-tu vu ?..

MONNERON.

Deux pigeons sur le toit de la maison voisine.

BOURDEIL.

C'est ça qui te fait pleurer ?

MONNERON.

Ça m'a rappelé...

BOURDEIL.

Ah ! oui, feu Mᵐᵉ Monneron.

MONNERON.

J'ai fait alors un triste retour sur moi-même.

Air : Femme, voulez-vous éprouver ?

Dans ce ramier je me voyais
Quand l'Amour agitait son aile ;
Dans sa compagne j'admirais
Mon épouse tendre et fidèle !..
A ce spectacle, j'ai pleuré,
Car mon bonheur est dans la tombe,
Et, pauvre pigeon éploré,
Partout je cherche une colombe !

DIDIER, à part.

Oh !.. quelle idée !.. cela pourrait tout arranger !.. (Haut.) Puisque votre veuvage vous pèse si cruellement, M. Monneron, pourquoi ne vous remariez-vous pas ?

MONNERON.

C'est ce que je me dis presque tous les soirs.

BOURDEIL.

Au fait :

(Il chante.)

Ne savons-nous pas que Titon

(Didier et Bourdeil achèvent le couplet ensemble.)

Rajeunit auprès de l'Aurore ?

DIDIER.

Il ne s'agirait que de trouver une femme qui vous convînt...

MONNERON.

C'est juste.

DIDIER.

Seriez-vous embarrassé pour les premières démarches ?

MONNERON.

C'est possible.

DIDIER.

Il ne faut pas que cela vous arrête !.. Ne suis-je pas là, moi, votre ami ?

MONNERON.

Quoi !.. vous daigneriez ?..

DIDIER.

Parbleu !.. avec un vif plaisir.

MONNERON.

Ah !.. que de bonté ! car tout à l'heure, en la voyant ici...

BOURDEIL.

Ici ?..

DIDIER, à part.

Ici !.. C'est Eulalie !.. (Haut.) Je suis à vous, M. Monneron !.. Voyons, ouvrez-moi votre cœur !..

MONNERON.

Vous l'exigez ?..

DIDIER.

Je vous en prie !.. (Lui serrant la main.) C'est un service que vous me rendrez.

MONNERON.

Eh bien ! apprenez qu'en me retrouvant en sa présence , je me suis dit : Voilà la femme qui me convient.

DIDIER.

Je suis tout-à-fait de votre avis.

MONNERON.

Et, puisque vous m'encouragez, je me décide à lui offrir mon cœur et ma fortune.

DIDIER.

Bravo!.. tout de suite, M. Monneron.

BOURDEIL.

Ici, dis-tu ?.. Mais quelle est donc cette femme ?

MONNERON.

Comment! Bourdeil, tu n'as pas deviné que ta fille...

BOURDEIL.

Hein ?..

DIDIER, à part.

Oh ! diable !.. Clémence !..

MONNERON.

Eh! oui...

DIDIER, à part.

Ne le laissons pas achever... ou je suis perdu !..

BOURDEIL.

Alors, mon ami, c'est moi que cela regarde, c'est à moi de me charger...

DIDIER, vivement.

Du tout !..* N'est-ce pas moi qui me suis offert pour confident, interprète, négociateur de M. Monneron ?

MONNERON.

C'est vrai !

BOURDEIL.

Mais...

DIDIER.

Mais c'est à moi seul de justifier la confiance qui m'a été accordée !.. Fiez-vous à moi, M. Monneron !.. Nous nous sommes bien entendus... le veuvage vous afflige ?

MONNERON.

Il me dévore, Monsieur.

DIDIER.

C'est une femme que vous voulez ?

MONNERON.

Oh! oui!.. une femme !.. une femme !..

DIDIER.

Je vous en donnerai une... (A part.) et une fameuse.

MONNERON.

Quel bonheur !..

BOURDEIL.

Justement, ces dames rentrent... j'aperçois Clémence.

BOURDEIL, à demi-voix, au fond, à Clémence qui entre.

Approche !.. Didier veut causer avec toi.**

CLÉMENCE.

Avec moi ?..

MONNERON, soupirant.

Oui, avec vous !.. Écoutez-le, adorable Clé-

____

* Monneron, Didier, Bourdeil.

** Monneron , Clémence , Bourdeil, Didier.

mence !.. écoutez-le !.. (Avec passion.) Je... je..* je ne vous dis que ça...

(Il sort avec Bourdeil.)

DIDIER , à part.

On te donnera des femmes de dix-sept ans pour te rajeunir, vieux Titon !

(Monneron et Bourdeil sortent.)

SCÈNE XIV.

CLÉMENCE , DIDIER.

CLÉMENCE.

Je reviens de chez la modiste avec votre cousine, M. Didier. Vous allez la revoir... Mais on prétend que vous avez quelque chose à me dire... Qu'est-ce que c'est ?..

DIDIER.

Une question que la délicatesse me fait un devoir de vous adresser avant d'agir... Clémence... tenez-vous à la fortune ?

CLÉMENCE.

Cette question...

DIDIER.

Répondez !.. Tenez-vous à la fortune ?

CLÉMENCE.

Pas beaucoup.

DIDIER.

Seriez-vous bien aise de vous marier ?

CLÉMENCE.

C'est selon !

DIDIER.

S'il se présentait un homme vieux, mais fort riche, et dont l'opulence peut s'augmenter encore d'une somme de 300,000 francs?.. s'il voulait vous épouser ?..

CLÉMENCE.

Est-ce que vous vous êtes chargé de me parler pour lui ?

DIDIER.

Peut-être.

CLÉMENCE , à part.

Il ne manquait plus que cela.

DIDIER.

Il faut que je connaisse vos sentimens.

CLÉMENCE.

Eh bien ! Monsieur, mes sentimens, les voici : Je trouve très mauvais que vous vous mêliez de ce qui ne vous regarde pas.

DIDIER.

Ah !..

CLÉMENCE.

Occupez-vous de votre bonheur, de celle qui doit le faire... et qui a tout ce qu'il faut pour cela !.. Mariez-vous tant que vous voudrez, ça m'est bien égal... mais ne songez pas à marier les autres...

DIDIER.

Vraiment ?..

CLÉMENCE.

Je ne veux ni de votre protégé, ni de sa fortune.

DIDIER.

Quelle joie !

CLÉMENCE.

Qu'est-ce que vous dites?

DIDIER.

Je dis... que vous êtes charmante.

CLÉMENCE.

Mais, Monsieur...

DIDIER.

Je sais tout ce que je voulais savoir!.. (On entend au fond la voix d'Eulalie.) Maintenant, allez-vous en!..

CLÉMENCE.

Que je m'en aille?..

DIDIER.

Oui... par ici... (Il la pousse vers la porte à droite du public.) Je vous dirai... je vous expliquerai...

CLÉMENCE, sortant.

Est-ce qu'il est fou?..

SCENE XV.

DIDIER; puis, EULALIE, avec un chapeau de la mode la plus exagérée.

DIDIER, seul un instant.

Quel plaisir! quel bonheur!.. Je ne me trompais pas tantôt... son dépit... sa colère... C'est moi, c'est moi qu'elle aime!

EULALIE, avant de paraître.

Je vous dis que c'est bien.

DIDIER, changeant de ton tout-à-coup.

Oh! quel désespoir!.. quel malheur!.. Pauvre Eulalie!..

(Il va se jeter dans un fauteuil, les mains appuyées sur la table, dans l'attitude de la désolation.)

EULALIE, entrant et entendant les derniers mots.

Qu'est-ce qu'il a donc?..

DIDIER.

Faut-il que je sois infortuné!.. Tant d'amour, tant de constance perdus!

EULALIE, à elle-même, le regardant.

Qu'est-ce qu'il dit?

DIDIER.

Ah! du moins, son cœur est si noble!.. Il devinera le mien! Mais, où la trouver?.. où la trouver?..

(Il se lève.)

EULALIE.

Ça n'est pas difficile.

DIDIER.

Ah!.. vous étiez là, Eulalie?..

EULALIE.

Mais, oui, Didier, j'étais là!..

DIDIER.

Toujours ador.... Oh!.. quel chapeau!..

EULALIE.

Joli, n'est-ce pas?..

DIDIER.

C'est à renverser!..

EULALIE.

J'en ai acheté six dans ce genre-là!.. Et tout cela pour mon Didier!.. pour lui paraître plus belle!

DIDIER.

C'était bien inutile!..

EULALIE.

Que ces mots sont doux à entendre!

DIDIER.

Et penser que tant d'attraits, un chapeau comme celui-là...

EULALIE.

Six, Jules!

DIDIER.

Six!.. Oui!.. Penser qu'il faut renoncer à cette douce contemplation!.. Oh!..

EULALIE.

Je ne comprends pas, Jules.

DIDIER.

Vous allez me comprendre, Eulalie!.. Vous êtes en procès avec M. Monneron?

EULALIE.

Oui, le vieux grigou veut me ruiner... mais il perdra!

DIDIER.

Il gagnera, Eulalie!

EULALIE.

Pas possible!..

DIDIER.

La loi est pour lui; votre arbitre l'a dit en confidence à M. Bourdeil : la loi vous enlèvera 300,000 francs.

EULALIE.

Oh! mes nerfs!.. Je vais m'évanouir, mon cousin.

DIDIER.

Non!.. Pas encore, je vous en prie.

EULALIE.

Ainsi, Jules, je n'aurais plus à vous apporter que mon cœur et ma personne?

DIDIER.

C'est déjà trop, ma cousine!..

EULALIE.

Noble caractère!

DIDIER.

Mais lorsqu'un moyen se présente de vous conserver cette fortune, et de vous assurer un heureux avenir en ne sacrifiant que moi, puis-je hésiter?

EULALIE.

Expliquez-vous.

DIDIER.

Si un autre mariage, imaginé par M. Monneron, terminait tous vos différends, et renouait des liens de famille que la mort a brisés?..

EULALIE.

Bah!..

DIDIER.

Si l'époux qu'il vous propose apportait à vos pieds une jeunesse de cœur et d'impressions bien rare de nos jours?..

EULALIE, à part.

Ah!.. c'est son neveu Victor!..

DIDIER.

Devrais-je, moi, abusant de vos promesses, immoler un si bel avenir à mon lâche égoïsme? l'honneur ne me dit-il pas de vous rendre votre parole?

EULALIE.

Ce que vous faites-là est bien beau, mon cousin!

DIDIER, la regardant.

C'est si naturel !

EULALIE, à part.

Au fait, trois cent mille francs, et un garçon superbe !.. cinq pieds huit pouces ! (Haut.) Vous croyez donc que M. Monneron ?..

DIDIER.

Je réponds de lui !.. il est si généreux !.. Tenez, il y a trois mois, il a donné cent mille francs à son neveu.

EULALIE.

A Victor ?..

DIDIER.

Oui, en le mariant.

EULALIE.

Comment ? en le mariant ?

DIDIER.

Sans doute.

EULALIE.

Victor est marié ?

DIDIER.

Depuis trois mois.

EULALIE.

Ah ! mon Dieu !.. qui est-ce donc que Monneron veut me donner ?

DIDIER.

Qui ?.. ce qu'il a de plus cher au monde !.. lui-même !

EULALIE.

Lui ?.. le vieux grigou ?.,

DIDIER.

Eulalie !..

EULALIE, vivement.

Oh ! Jules, je n'accepte pas ton sacrifice !

DIDIER.

Vous dites ?..

EULALIE.

Je rends justice à la noblesse de ton âme, j'apprécie toute la délicatesse de ton procédé !.. c'est grand, c'est beau, c'est généreux de se dévouer ainsi !.. mais je serai aussi grande, aussi généreuse, aussi belle que toi !.. je foule aux pieds la fortune, et je te reste, Jules !.. je te reste !..

DIDIER, à part.

Merci ! (Haut.) En conscience, ma cousine, je ne vaux pas trois cent mille francs.

EULALIE.

Toi, mon Jules ?.. tu vaux ton pesant d'or !.. Qu'importe la fortune ?.. que me font tous les trésors du monde ?.. Une chaumière, Jules ! une chaumière et ton cœur !..

DIDIER, à part.

Je m'étonnais qu'elle n'eût pas encore dit cette bêtise-là !

<hr>

SCÈNE XVI.

DIDIER, BOURDEIL, EULALIE.

BOURDEIL.

Pardon si je vous dérange.

DIDIER.

Il n'y a pas de mal, M. Bourdeil.

BOURDEIL.

Non, car je viens vous annoncer une ex-cellente nouvelle. Le notaire, que tu demandais tantôt avec tant d'impatience, vient d'arriver.

EULALIE, minaudant.

Oh ! comme mon cœur bat !

BOURDEIL.

En effet, voici le moment !..

(Chantant l'air de Montano et Stéphanie.)

Oui, c'est demain, demain que l'hyménée...

DIDIER, à part.

Comment me tirer de là.

(Il s'assied avec colère et anxiété.)

EULALIE.

Comme je serai fière de retourner à Carcassonne, appuyée sur le bras de mon Didier !

DIDIER, se levant violemment.

A Carcassonne ?.. vous croyez que je vous mènerai à Carcassonne ?..*

EULALIE.

Pourquoi pas ?

DIDIER.

Dans un lieu plein des souvenirs de votre premier mari !.. où tout le rappellerait à votre pensée !.. où chaque objet me parlerait de votre amour pour lui !

EULALIE.

N'ayez pas peur !

DIDIER.

Non, Madame, non !.. nous n'irons point à Carcassonne !

EULALIE.

Eh bien ! soit, mon Jules !.. nous habiterons Paris.

DIDIER.

Paris ?.. la ville des séductions ?.. le pays des plaisirs corrupteurs ?.. la patrie des maris trompés ?.. Jamais, Madame, jamais vous ne mettrez les pieds dans Paris !

EULALIE.

Ah ! mon Dieu !

BOURDEIL.

Oh ! oh !..

DIDIER.

C'est que vous ne me connaissez pas, voyez-vous ! c'est que je suis jaloux !.. jaloux du passé, du présent, de l'avenir !.. C'est que la femme que j'aime ne doit appartenir qu'à moi seul !.. qu'elle doit renoncer pour toujours au monde, aux plaisirs. aux brillantes toilettes, aux bals, aux spectacles.

BOURDEIL.

Même à l'Opéra-Comique ?

DIDIER.

Ce n'est pas pour s'amuser qu'on se marie.

EULALIE.

Il y paraît !.. Mais où voulez-vous donc me mener, mon cousin ?

DIDIER.

Où ?.. dans un lieu fait exprès pour le bonheur tel que je le comprends !.. ce n'est point une chaumière que je vous offre avec mon cœur, Eulalie !.. c'est un château que j'ai visité récemment, et que j'ai acheté pour vous, un

* Bourdeil, Didier, Eulalie.

château gothique situé au sommet d'une montagne de quinze cents pieds... en Thurgovie.

EULALIE.

En Turcovie?..

DIDIER.

Là... entourés de neiges et de glaces éternelles, séparés du monde entier.

AIR : J'en guette un petit de mon âge.

Nous verrons le rocher qui penche
S'abimer au fond des glaciers :
Nous contemplerons l'avalanche
Engloutissant des villages entiers !
Nous gravirons d'impossibles sentiers.
A deux époux, qu'un pur amour enflamme,
Qu'importent d'éternels frimas ?
Pour eux l'hiver n'existe pas,
Car le printemps est dans leur âme.

EULALIE, à part.

Ça n'empêche pas de grelotter.

DIDIER.

Préparez-vous donc, Eulalie!.. aujourd'hui, nous signerons demain le contrat; demain, nous nous marions, et nous partons après-demain !

EULALIE.

Permettez, mon cousin...

DIDIER.

Oh ! point de remercimens !..

AIR : Ne raillez pas la garde citoyenne.

Vite, partons, car l'amour nous convie;
Il nous promet les plaisirs les plus doux !
Le vrai bonheur habite en Thurgovie,
Il ne faut pas manquer au rendez-vous.
Sur ces sommets, l'aspect de la nature
Charme et ravit notre cœur et nos yeux !
Là, notre amour s'agrandit et s'épure,
Car nous allons nous rapprocher des cieux.
Vite, partons, etc.

ENSEMBLE.

EULALIE.

Non, c'est en vain que l'amour me convie
A ces plaisirs que vous trouvez si doux :
Si le bonheur habite en Turcovie,
Il m'attendra long-temps au rendez-vous.

BOURDEIL.

Vite, partez, car l'amour vous convie,
Il vous promet les plaisirs les plus doux :
Si le bonheur habite en Thurgovie,
Il ne faut pas manquer au rendez-vous.

EULALIE, à Didier qui sort vivement avec Bourdeil.

Jules !.. Jules !..

SCÈNE XVII.

EULALIE, seule.

Il ne m'écoute pas !.. Ah ça mais, c'est une façon de Barbe-Bleue que cet homme-là !..

M'emmener dans un vieux château... tout au haut d'une montagne. En Turcovie?.. Qu'est-ce que c'est que ce pays-là ?.. je n'en ai jamais entendu parler à Carcassonne.

SCÈNE XVIII.

EULALIE, CLÉMENCE.

CLÉMENCE, arrivant par la porte à droite, à elle-même.

Je voudrais bien savoir ce qui s'est passé !

EULALIE, se retournant.

Ah ! c'est vous, petite?

CLÉMENCE.

Oui, Madame : sachant que vous étiez seule, je suis venue pour vous tenir compagnie.

EULALIE.

Merci, mon enfant!.. j'en ai besoin, je vous assure.

CLÉMENCE.

En effet, vous paraissez troublée?.. Qu'y a-t-il donc ?

EULALIE.

Il y a, ma petite.,. il y a... D'abord, savez-vous ce que c'est que la Turcovie?

CLÉMENCE.

La Thurgovie?

EULALIE.

Oui, la Turcovie, c'est ce que je dis.

CLÉMENCE.

Mais, oui, Madame : c'est un canton de la Suisse.

EULALIE.

La Suisse?.. patrie de l'opéra de *Guillaume-Tell* et du fromage de Gruyère?..

CLÉMENCE.

Précisément.

EULALIE.

Eh bien! il veut m'enfermer là!.. dans un château à quinze cents pieds au-dessous du niveau de la mer.

CLÉMENCE.

Vous enfermer?.. qui donc?

EULALIE.

Qui?.. Didier, mon enfant ! Didier, mon prétendu !

CLÉMENCE.

Pas possible?..

EULALIE.

Il est jaloux comme un léopard!.. Sa femme ne doit voir personne!.. plus de spectacles, de visites, de toilettes, de promenades!.. Rien!.. voilà le sort qu'il réserve à son heureuse compagne!.. Et c'est sur moi que ça tombe !

CLÉMENCE.

Ah! mon Dieu!.. Il serait si méchant que ça?..

EULALIE.

Silence !.. on vient... Ah ! c'est Monneron.

SCENE XIX.

EULALIE, MONNERON, CLÉMENCE.

MONNERON, à part.

Elle est là... Didier l'a prévenue... Tâchons d'achever son ouvrage.

EULALIE, à part.

Il gagnera son procès et il voudrait m'épouser... Il est bien laid !..

MONNERON.

Je ne dérange pas ces dames?.. Je peux approcher?..

CLÉMENCE.

Certainement, Monsieur.

EULALIE.

Nous parlions mariage.

MONNERON.

Sujet de conversation bien agréable.

EULALIE.

Pas toujours.

MONNERON.

Ah! c'est que le veuvage ne vous fait pas souffrir comme moi.

EULALIE.

Qu'en savez-vous?

MONNERON.

Quand on a connu la douceur du lien conjugal, le bonheur de doubler son existence !..

EULALIE.

Vous parlez comme un homme qui voudrait recommencer.

MONNERON.

C'est mon vœu le plus cher !.. Et il y a ici telle personne à qui l'on a dû en toucher déjà quelques mots.

EULALIE, à part.

Nous y voilà.

CLÉMENCE, à part.

Ah! mon Dieu !.. est-ce que ce serait là ce vieux pour qui me parlait M. Didier?

MONNERON.

Celle qui accepterait mon cœur et ma main pourrait se flatter d'être une heureuse femme.

EULALIE.

Vous ne l'enfermeriez pas dans un vieux château en Turcovie?

MONNERON.

Moi, l'enfermer?.. Je voudrais qu'elle brillât dans les spectacles, dans les promenades.

EULALIE.

Vraiment?..

CLÉMENCE, à part.

C'est égal.

EULALIE, à part.

Eh mais! il n'est peut-être pas si vieux qu'il en a l'air?

MONNERON.

Air de l'Apothicaire.

Sans cesse elle pourrait choisir
La parure la plus nouvelle :

Je voudrais que par un plaisir
Chaque jour fût marqué pour elle;
Bals, concerts, loge à l'Opéra ;
Point de jalousie importune !..

EULALIE, à part.

Sa fortune l'embellira.

CLÉMENCE, à part.

Il enlaidirait la fortune.

EULALIE, à part.

A le bien regarder, il n'est pas si laid que j'avais cru d'abord... Il a même dans le nez quelque chose de coquet...

MONNERON, à part.

La petite réfléchit !.. Je crois que j'ai produit de l'effet.

SCÈNE XX.

EULALIE, DIDIER, BOURDEIL, MONNERON, CLÉMENCE.

BOURDEIL.

Ah! ah! tu es ici, Monneron?.. Tu as voulu faire ta cour toi-même?

MONNERON.

J'ai tâché, mon ami.

EULALIE, à part.

Et il a réussi, le petit scélérat !..

BOURDEIL.

C'est à merveille !.. Nous quittons le notaire; tout est prêt pour la signature du contrat de Didier.

CLÉMENCE, à part.

Déjà !..

DIDIER.

Et j'ai fait toutes mes dispositions de départ.

EULALIE.

Pour la Turcovie?

DIDIER.

Sans doute.

EULALIE, à demi-voix.

Didier... je voudrais vous parler.

DIDIER, de même.

A moi, chère amie?..

(Pendant les interlocutions suivantes, Bourdeil, qui cause avec Monneron, lui offre du tabac. Monneron en accepte une prise et la porte à son nez; puis, s'apercevant que Clémence le regarde, il la jette en se cachant, et fait le coquet.)

EULALIE, à demi-voix.

Didier, je crains de ne pas faire votre bonheur.

DIDIER, de même.

Bah !.. vous craignez cela?..

EULALIE, de même.

J'accepte votre noble dévouement, mon ami!.. Et j'épouserai Monneron. Annoncez-lui son bonheur.

DIDIER, de même.

Laissez-moi faire. (Haut, à Monneron.) Eh bien! heureux mortel, vous êtes donc au comble de vos vœux?..*

MONNERON.

Moi, M. Didier?

DIDIER.

Tout est convenu, arrangé!.. on accepte votre main.

MONNERON.

Plaît-il?

CLÉMENCE, à part.

Qu'est-ce qu'il dit là?

BOURDEIL.

Bah!.. Elle accepte?..

MONNERON.

Est-il possible?.. Quel bonheur! (Se tournant vers Clémence.) Ah! c'est sur cette main chérie...

EULALIE, tendant sa main.

Voilà!

(Monneron va pour prendre et baiser la main de Clémence.)

DIDIER, le faisant tourner.

Vous vous trompez de côté... c'est par ici.

MONNERON.

Par ici?..

EULALIE.

Sans doute.

DIDIER.

C'est la main de Madame que vous devez couvrir de baisers.

MONNERON.

De Madame?..

EULALIE.

Est-ce que la joie du triomphe vous trouble l'esprit? J'ai cédé, M. Monneron, j'ai cédé!

MONNERON.

Permettez, Madame, permettez...

DIDIER.

Certainement, ma cousine permet... Vous le voyez bien!..

MONNERON.

Cependant, M. Didier...

DIDIER, avec une grande volubilité jusqu'à la fin.

Moi, Monsieur?.. Je viens de me résoudre à un des plus grands sacrifices qu'il soit donné à un noble cœur d'accomplir ici-bas!.. La fortune de Madame, la vôtre, compromises par un procès funeste, tout m'imposait le devoir de m'immoler... et je m'immole!

CLÉMENCE, à part.

Je commence à deviner.

MONNERON.

Il me semble pourtant...

DIDIER.

Ce que vous appelez de tous vos vœux, c'est une compagne douce et tendre qui vous aide à traverser le désert de la vie?.. Eh bien! cette compagne, je vous la donne, moi!.. Je vous la donne, cette femme qui a déjà fait le bonheur

d'un premier mari... qui fera le bonheur d'un second... et qui ne s'en tiendra pas là!

MONNERON.

Hein?..

DIDIER.

Pardon!.. Je m'explique mal... mais vous me comprenez?.. Et vous allez tomber aux pieds de celle qui vous préfère à moi!

(Il le fait passer près d'Eulalie.)*

EULALIE.

Voilà!..

MONNERON.

Je voudrais bien placer un mot.

DIDIER.

A quoi bon?.. Tout n'est-il pas dit?

MONNERON.

D'accord!.. Mais Mlle Clémence...

DIDIER.

Mlle Clémence, Monsieur?.. Non moins généreuse que nous tous, elle vous accorde son amitié en faveur de ce mariage, et, il n'y a qu'un instant, elle ne pouvait pas vous souffrir.

MONNERON.

Ah!..

BOURDEIL.

Oui dà?

DIDIER.

Demandez-lui plutôt!

CLÉMENCE, souriant.

C'est vrai!.. Quand j'ai cru que M. Monneron voulait m'épouser...

EULALIE.

Vous, ma chère?

DIDIER.

Vous épouser?.. Comment supposer à Monsieur une idée aussi ridicule?..

MONNERON,

Mais...

DIDIER.

Non, non! M. Monneron est un homme de bon sens.

MONNERON.

Ah!..

DIDIER.

De goût!

MONNERON.

Ah!..

DIDIER.

D'esprit!

MONNERON.

Ah!..

DIDIER.

Il vous sait gré de consoler son rival malheureux en m'accordant votre main.

BOURDEIL.

Bah!..

CLÉMENCE.

Je n'ai pas dit cela.

DIDIER.

Mais je le lis dans vos yeux!.. Eh bien! M. Monneron, que faites-vous là?.. Vous n'êtes pas encore aux pieds de Madame?..

(Il le force à s'agenouiller devant Eulalie.)

*Bourdeil, Eulalie, Didier, Monneron, Clémence.

*Bourdeil, Eulalie, Monneron, Didier, Clémence.

EULALIE.

Mais, oui... j'attends toujours.

MONNERON, essayant de se relever malgré Didier.

C'est que...

DIDIER, à demi-voix.

Allez donc !.. Plaider, perdre peut-être cent mille écus... au lieu d'une belle fortune, d'une femme.., et quelle femme ?..

(Il le fait retomber à genoux.)

MONNERON, à part.

Au fait, ça vaut mieux que rien ! (Haut, à Eulalie, vers laquelle il se retourne sur les genoux.) Puisqu'il paraît, Madame, que c'est vous qui devez... me rendre... ce que...

EULALIE, minaudant.

Oui, habile séducteur, on vous le rendra !

(Elle lui fait signe de se relever ; il n'en vient à bout qu'avec l'aide de Didier.)

DIDIER, montrant Clémence.

J'espère, M. Bourdeil, que vous consentirez...

BOURDEIL, passant entre Didier et Clémence pour les unir.

Comment donc !

(Chantant l'air de la *Piété filiale*.)

Mes chers enfans, unissez-vous,
Vous serez heureux, je l'espère.

CLÉMENCE.

Pourvu que ce ne soit pas pour m'emmener en Thurgovie.

EULALIE, frisssonnant.

Oh ! la Turcovie !

DIDIER, souriant, à Clémence.

Oh ! soyez tranquille !.. Je ne vous aime pas assez pour cela !

CHŒUR.

Air de M. Doche.

Pour bien vivre en ménage,
Souvent, comme chez nous,
Il suffirait, je gage,
De changer les époux.

CLÉMENCE, au public.

Air : A l'âge heureux de quatorze ans.

Vous qui pouvez nous garantir
Et du malheur et du naufrage,
Messieurs, ne faites pas mentir
Le titre de ce faible ouvrage.
Notre bonheur est incertain,
Car, ce soir, il dépend des autres :
Pour que nous l'ayons sous la main,
Il faut qu'il s'échappe des vôtres.

REPRISE DU CHŒUR.

FIN.

NOTA. Les personnages sont placés en tête de chaque scène comme ils doivent l'être au théâtre. Le premier inscrit tient la droite de l'acteur. Les changemens sont indiqués par des notes au bas des pages.

S'adresser, pour la musique, à M. TARANE, bibliothécaire, au théâtre du Vaudeville.

Imp. de Mᵐᵉ DE LACOMBE, r. d'Enghien, 12.

En vente : Les 4 premiers volumes du RÉPERTOIRE DRAMATIQUE, formant la collection de l'année 1840.
Ils sont ornés de portraits des principaux auteurs et acteurs. Prix : 6 fr. le volume.

PIÈCES EN VENTE DE LA MOSAÏQUE.

Une Chambre de Savoyards.
L'Homme qui tue sa femme.
Le Garçon d'écurie.
La descente de la Courtille.
La paix ou la guerre.
Hamann, drame.
Torrino le savetier, drame.
La Mère Saint-Martin, prologue
Le Retour de Sainte-Hélène, à-prop.
Les vieilles amours.
C'est ma chambre.
Un premier ténor.
Le docteur de Saint-Brice, drame.
Les Invalides, vaudeville.
L'habit fait le moine.
Un jeu de dominos.
L'Esclave.

Mazarin, comédie.
Le Lierre et l'Ormeau.
Dernier vœu de l'Empereur.
Premières et dernières amours.
La belle Ténébreuse.
Le Boulevard du crime.
Anita la Bohémienne.
Le Bourreau des crimes.
Les Bains à quatre sous.
Mariette, com.-vaud.
Le Piège à loup.
Les Griselis en Afrique.
Le Début de Cartouche, com.
L'auberge de Chantilly, vaud.
Benoît, drame.
Le Lazaret, vaudeville.
Une Leçon d'écriture, comédie.

NOUVELLES À LA MAIN

Un volume in-32 jésus, paraissant le 10 de chaque mois.

www.ingramcontent.com/pod-product-compliance
Lightning Source LLC
Chambersburg PA
CBHW050725070726
47597CB00009B/3795